Von Deutschland nach Deutschla...
Stationen auf dem Weg zur Einh...

1

Nach dem zweiten Weltkrieg entwickelten sich in Europa, aber auch in der übrigen Welt, zwei völlig unterschiedliche politische und wirtschaftliche Systeme. Die europäische Nahtstelle verlief zwischen der Bundesrepublik Deutschland und der Deutschen Demokratischen Republik.

Während sich im Westen demokratische Systeme bildeten, wurde im Herrschaftsbereich der Sowjetunion auf der Grundlage der marxistisch-leninistischen Ideologie ein teilweise offen diktatorisches Herrschaftssystem aufgebaut und fortentwickelt. Auf der Strecke blieben hier die im Westen selbstverständlich gewordenen Grund- und Bürgerrechte.

Die Opposition hatte kaum eine Chance gehört zu werden. Politischer Einfluß wurde ihr gänzlich versagt. Hervorzuheben sind eigentlich nur wenige offene Versuche, politische Änderungen zu bewirken:

– Proteste am 17. Juni 1953 in Berlin (Ost) und anderen Städten der DDR

– Ungarnaufstand 1956

– Prager Frühling 1968

Sie endeten alle mit einer blutigen Zerschlagung, an denen die Sowjetunion als Führungsmacht direkt beteiligt war.

Erst im März 1985 änderte sich der politische Kurs ebenso unverhofft wie schnell. Michail Gorbatschow übernahm in der Sowjetunion die Spitze des mächtigen Politbüros der KPdSU; er war gewillt, u. a. auch die wirtschaftlichen Probleme des Landes unter Preisgabe bisher unantastbarer politischer Grundsätze zu lösen.

Michail Gorbatschow brachte einen Prozeß ins Rollen, dessen wichtigste Auswirkungen von der Ausrufung der Republik Ungarn, von der Wahl eines nichtkommunistischen Ministerpräsidenten in Polen und den durch Massenproteste erzwungenen Umschwung in Berlin (Ost) und der DDR, der Aufgabe des Führungsanspruches der SED, einem Wechsel in der politischen Führung Bulgariens und der Tschechoslowakei bis zu dem Sturz des rumänischen Diktators Ceauşescu reichen.

3

2

Michail Gorbatschow: Mann des Jahrzehnts (amerik. Nachrichtenmagazin Time)

Ohne diesen Mann in Moskau hätten sie nicht so viel gewagt und gewonnen. Nicht die Reformer in Budapest, nicht die Solidarność-Leute in Warschau, nicht die Menschen auf dem Prager Wenzelsplatz, nicht die 300 000 Demonstranten in Leipzig und anderen Städten der DDR.

„Wer zu spät kommt, den bestraft das Leben", sagte Gorbatschow in Berlin (Ost). Das Ende der Nachkriegszeit hatte begonnen. „Gorbi" hat nicht nur die Offenheit und Freiheit der Medien durchgesetzt und den Umbau des Staatsapparates eingeleitet, er hat auch die Bedingungen für eine Umgestaltung der Weltpolitik geschaffen: Im Dezember 1987 unter-

Durchbruch für die Freiheit

Berliner Illustrirte, Sonderausgabe, 12/89, S. 76

zeichneten Reagan und Gorbatschow das erste wirkliche Abrüstungsabkommen in der Nachkriegsgeschichte. Es betraf die Verschrottung der Mittelstreckenraketen. Danach wurde über den Abbau der konventionellen Streitkräfte und die Vernichtung chemischer Waffen geredet. Der Durchbruch zu einer weltweiten Zusammenarbeit beim Umweltschutz steht vor der Tür. Das Abrüstungssignal wirkte: Ungarn begann am 2. Mai 1989 stückweise den Eisernen Vorhang abzubauen. Die Sogwirkung war damals nicht zu erahnen. Erst kamen ein paar. Dann sprach sich herum, daß es geht und wie es geht. Dann drückten die ungarischen Grenzer beide Augen zu, und schließlich – im Herbst 1989 – kamen jeden Tag 500 bis 700 Menschen aus der DDR über Ungarn und Österreich in die Bundesrepublik Deutschland. Ein Stück Mauer war gefallen!

3

Die Regierenden in Berlin (Ost) hatten die Entwicklung noch nicht begriffen – oder wollten sie nicht wahrhaben.

Noch am 7. Oktober 1989 feierte die SED (Sozialistische Einheitspartei Deutschlands) sich selbst und das 40jährige Bestehen der DDR. Obwohl allein im Herbst 1989 weit über 100 000 Menschen dem Land mit seinem „real existierenden Sozialismus" den Rücken gekehrt hatten, erklärte Erich Honecker (Generalsekretär der SED und Vorsitzender des Staatsrates der DDR):

„Die DDR ist ein Grundpfeiler der Stabilität und Sicherheit in Europa."

An anderer Stelle zu einem anderen Zeitpunkt:

„Die Mauer wird als Friedenswall gegen den Imperialismus auch in 100 Jahren noch stehen."

Und dies, obwohl am 30. September 1989 ca. 7 000 Flüchtlinge nach dramatischen Tagen des Wartens und politischen Tauziehens mit Sonderzügen aus den bundesdeutschen Botschaften in Prag und Warschau ausreisen durften.

4

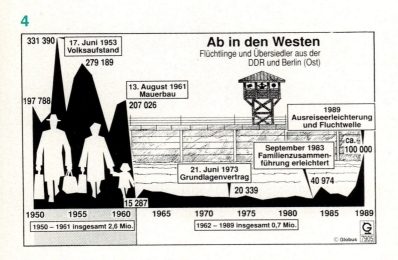

Die Flüchtlingswelle in die bundesdeutschen Botschaften signalisierte der gesamten Welt das Ende und die Machtlosigkeit des alten SED-Regimes. Das Nachgeben der Führung in Berlin (Ost) im diplomatischen Kampf gab den „Zurückgebliebenen" neuen Mut zur Formulierung ihrer politischen Ziele. Noch am 9. September hatte man mit dem Verbot des „Neuen Forums" versucht, diese Welle aufzuhalten, und die westlichen Medien mit der Beschuldigung eines Propagandafeldzuges verantwortlich zu machen. Damit geriet die DDR nicht nur im Westen, sondern auch bei östlichen „Bruderländern" in eine völlig ausweglose Isolation.

Die SED feiert, und die Polizei knüppelt

Ost-Berlin am 40. Geburtstag der DDR: Der Protest übertönt die Volksfeststimmung

Gegen den geballten Einsatz der Volkspolizei hatten die Demonstranten in der Ostberliner Innenstadt keine Chancen.

dpa

70 000 DDR-Bürger demonstrieren in Leipzig für Reformen
Kirche fordert Regierung zur Zurückhaltung auf

Berlin (Ost)/Leipzig (dpa/rtr)

In Leipzig haben am Montagabend schätzungsweise 70 000 Menschen für Reformen, demokratische Erneuerung und einen friedlichen Dialog in der DDR demonstriert. Es war die bisher größte nichtstaatliche Demonstration in der DDR außerhalb des Volksaufstandes vom 17. Juni 1953. Ein riesiges Aufgebot von Sicherheitskräften schirmte die Innenstadt ab, hielt sich aber im Hintergrund.

Hannoversche Allgemeine Zeitung, Sonderausgabe, 12/89

In den Tagen und Monaten nach der „Oktoberrevolution" in der DDR wurde immer wieder die Frage gestellt, wie es überhaupt auf friedlichem Wege gelingen sollte, das von Stasi-Bespitzelung durchsetzte DDR-Regime zu stürzen.

Zweifellos war die Macht des Staatsapparates durch die Krankheit des Staatsratsvorsitzenden Erich Honecker geschwächt. Doch wie ernst mußten die Demonstranten die Drohgebärden und Einschüchterungsversuche der DDR-Führung nehmen? Angst kam auf vor einer Parallele zur „chinesischen Lösung", bei der in Peking ein Jahr zuvor ein Massaker unter Hunderttausenden von Demonstranten angerichtet worden war. Doch trotz dieser Befürchtungen und der Knüppeleinsätze der Volkspolizei in Dresden, Leipzig und Berlin (Ost) verstärkte sich die Entschlossenheit, gegen die Staatsautorität vorzugehen.

Die Kirche in der DDR erwies sich einmal mehr als Ausgangspunkt gewaltloser Demonstrationen. Diese bildeten gewissermaßen auch die Plattform für die Massenbewegungen und -organisationen der „ersten Stunde". Dazu gehörte insbesondere das „Neue Forum" unter der treibenden Kraft der Malerin Bärbel Bohley.

Zunächst bezeichnete das DDR-Innenministerium die Gruppierung als staatsfeindlich. Dann wurde erklärt, es gäbe dafür „keinen gesellschaftlichen Bedarf". Als Bärbel Bohley und ihre Freunde aufgefordert wurden, ihre politische Tätigkeit einzustellen, wandelten sie das „Neue Forum" von einer anmeldepflichtigen Vereinigung in eine Bürgerinitiative um. Für diese war keine staatliche Genehmigung erforderlich.

Die Arbeit wurde auch unter Androhung von Haftstrafen fortgesetzt und das nicht konspirativ oder versteckt, sondern mit offenem Visier unter Ausnutzung aller legalen Möglichkeiten. Dazu gehörte auch, daß das „Neue Forum" sein Verbot gerichtlich überprüfen lassen wollte. Nicht zuletzt durch dieses engagierte Eintreten für eine politische Erneuerung erhielten auch andere Oppositionsbewegungen moralischen Auftrieb.

Andererseits erkannten offensichtlich auch SED-Politiker die Reformbedürftigkeit des Systems. Zu einem Hoffnungsträger wurde Hans Modrow. Im Frühjahr 1989 wurde er von der Regierung in Berlin (Ost) wegen seiner reformfreundlichen Haltung und seiner Ablehnung stalinistischer Umgangsmethoden mit Andersdenkenden gemaßregelt.

So erklärte Hans Modrow am 25. September 1989 bei einem Besuch in Stuttgart, daß die Massenflucht „Ursachen habe, über die man nachdenken müsse".

Polizei und Militär säumten die Bahnstrecke durch die DDR nach Hof. Überall versuchten junge Leute unter Lebensgefahr, auf die Flüchtlingszüge zu springen. Andere hielten brennende Kerzen und baten: „Vergeßt uns nicht."

Von Hauke Brost

Der Westen nahm den Abbau erster Stacheldrahtzäune an der ungarisch-österreichischen Grenze am 2. Mai 1989 vor allem als Geste: Die „Welt" schrieb von einem „Sinnbild des Wandels", Der „Spiegel" von „eher symbolischer Bedeutung".

Im Osten dagegen erkannten Menschen sogleich die Chance. Sie machten sich auf, den Riß im Eisernen Vorhang zu nutzen.

Zu Beginn der Ferienzeit kamen sie im Sommer 1989 in Trabis, Wartburgs und Ladas, per Motorrad, Eisenbahn und Anhalter nach Ungarn. Ihr Ziel: die ungarische Grenze in Österreich. Sie ließen ihre Autos zurück und überquerten das Sperrgebiet vor der Grenze zu Fuß. Jeden Abend brachen kleine Gruppen auf und schlichen durch Wälder und Weinberge zur Demarkationslinie.

Die aber wurde noch immer bewacht. Nur wenige Flüchtlinge kamen durch. Viele wurden abgefangen und zurückgeschickt mit einem Stempel, der sie brandmarkte. In der DDR wartete nun das Gefängnis auf sie. Die meisten von ihnen kehrten deshalb nicht in ihre ummauerte Heimat zurück, sondern warteten in Ungarn ab oder suchten Zuflucht in der bundesdeutschen Botschaft in Budapest.

Das war der Beginn einer neuen Abstimmung mit den Füßen, die durch Glasnost ausgelöst worden war: Massenflucht über das Ausland oder Bonner Botschaften.

Einzelne und Gruppen hatten diesen Weg in die Freiheit schon vorher versucht, waren zum Teil erfolgreich gewesen, zum Teil gescheitert. Nun aber sollte diese Absetzbewegung eine neue Dimension erhalten.

Die Ständige Vertretung Bonns in Berlin (Ost) war dabei als Sprungbrett in den Westen alsbald ausgeschieden: sie wurde geschlossen. Anders war es mit den Bonner Botschaften in Ungarn, Polen und der Tschechoslowakei, in Budapest, Warschau und Prag. Sie wurden nun zu Schlupflöchern in den Westen.

Zuerst rückte Budapest in den Brennpunkt. Am 7. August drängten sich schon 200 Menschen in der Botschaft, einem Bau aus dem 19. Jahrhundert mit winzigem Garten. Täglich wurden es mehr. Die Verhältnisse waren beengt. Manche Räume waren nur neun bis 13 Quadratmeter groß. Es gab lediglich zwei Toiletten. Viele DDR-Bürger hatten keine Wäsche zum Wechseln dabei. Das Botschaftspersonal half, wo es konnte. Der Bundesgrenzschutz organisierte einen Einkaufsdienst. Windeln wurden besorgt, Kochstellen eingerichtet. Diplomaten brachten Lego-Steine ihrer Kinder.

Und immer mehr Flüchtlinge strömten ins Land und an die Grenze. Am 19. August veranstaltete Otto von Habsburgs „Paneuropa-Union" ein Frie-

dens-Picknick direkt an der ungarisch-österreichischen Grenze bei Sopron. Die DDR-Flüchtlinge erfuhren davon – und rückten an. Als das hölzerne Grenztor für eine Delegation einen Spalt geöffnet wurde, drückten Hunderte von ihnen dagegen und riefen in Sprechchören: „Macht das Tor auf!" Auf der anderen Seite zerrten österreichische Delegierte. Da traten die ungarischen Grenzer zur Seite: über sechshundert Menschen brachen in die Freiheit durch.

Vier Tage später, in der Nacht zum 24. August, drückten Rotkreuz-Leute den Flüchtlingen in der Budapester Botschaft einen „Permit de Voyage" auf Passierscheine. Auch sie durften nun ausreisen. „Die Menschen konnten vor Rührung kaum sprechen, sie lachten und weinten", erinnert sich der Botschaftsangestellte Michael Jansen, 48. „Es war der ergreifendste Augenblick meiner Laufbahn."

Es war zugleich das Signal zum Massenexodus. Nun drängten Tausende DDR-Deutsche ins Land. Und ihr Freiheitswille war es, der die endgültige Öffnung der Grenze erzwang. Am 10. September gab die ungarische Regierung bekannt, daß ab Mitternacht alle DDR-Bürger ausreisen durften. Da raste der Kantinenwirt Gerhardt Meyer aus Berlin (Ost) mit seinem weißen Toyota Corolla in knapp zwei Stunden nach Passau. Zweieinhalb Stunden später traf der erste

Trabi mit einem Elektromonteur aus Dresden in dem bayerischen Auffanglager ein. An diesem Tag kamen 8 100, drei Tage später waren es schon 18 000 ...

Während über Ungarn Zehntausende in den Westen gelangten, war die Lage in Polen und der Tschechoslowakei noch gespannt. Zahlreiche DDR-Bürger waren durch Oder und Neiße geschwommen, um in den von der Solidarność regierten Nachbarstaat zu gelangen. 400 DDR-Deutsche hatten dort in Bonns Botschaft in Warschau Unterschlupf gefunden, aber durften nicht heraus. Noch am 28. September wurden 90 Flüchtlinge aus der DDR an der polnischen Grenze festgenommen, noch einmal zeigte das System die Fratze der Gewalt.

Deshalb wurde nach Ungarn zunächst vor allem Prag zum Fluchtpunkt der Hoffnungen. Anfang Oktober kamen in die deutsche Botschaft jeden Tag so viele Menschen, wie ein Dorf Einwohner hat: mal 300, mal 600.

Mindestens 3 500 warteten in der letzten Septemberwoche in dem Gebäude, weitere Tausende davor. Matratzen lagen auf allen Fluren, sogar auf Treppenstufen. Wo ein Bett stand, schliefen drei darin. Eine Toilette für je 300 Menschen. Stundenlang Schlange stehen für einmal Waschen. Die meisten Männer campierten draußen, damit wenigstens Frauen und Kinder Platz hatten. Viele Kinder litten an Durchfall. Das Essen wurde knapp, nur Frauen und Kinder bekamen noch etwas. Die Männer hungerten. Um eine Statue im Botschaftsgarten häng-

ten DDR-Bürger Schlüssel ihrer zurückgelassenen Trabis, auf die sie bis zu 14 Jahre gewartet hatten. Es sah wie eine Halskette aus. Die Botschaft mußte wegen Überfüllung geschlossen werden.

Die ergreifendsten Szenen spielten sich nun draußen am Zaun ab, der etwa zwei Meter hoch ist und dessen Spitzen scharf zulaufen. Davor überall tschechoslowakische Polizisten, auch Stasi-Leute aus der DDR. Die letzten Meter zum Zaun legten die Flüchtlinge aus der DDR darum im Laufschritt zurück. Kinder wurden über die Barriere gereicht. Jeweils fünf Mann hatten „Flugdienst": sie halfen beim Rüberklettern; die Kinderwagen blieben auf der Straße stehen, so wie die Trabis, die im Umkreis von fünf Kilometern die Bürgersteige blockierten.

Beim Übersteigen des Zaunes wurden allein am 3. Oktober elf Menschen verletzt; sie lagen teils ohnmächtig auf dem Rasen. Kinder weinten und hielten verzweifelt ihre Teddys fest. Polizei sperrte die Rückseite der Botschaft ab. Aber 300 Menschen rissen die Gitter nieder und stürmten los. Schlagstöcke wurden gezogen, auch dabei gab es Verletzte.

Maurer Michael Fleischmann, 34, hatte schon die Hände am Zaun, er wollte sich hochziehen, als ihn zwei tschechoslowakische Polizisten von hinten packten. Nur nicht loslassen, dachte er. Von drinnen griffen deutsche Landsleute zu, um ihn zu halten – zwanzig Minuten lang. Dann endlich kam Botschaftsrat Michael Steiner, 39, legte den Arm

um Fleischmann und führte ihn durchs Tor hinein.

Die Welt im Westen nahm Anteil. Doch niemand konnte helfen. Was für erschütternde Momente. Claudia B., eine 20jährige aus Berlin (Ost), und ihre Mutter nahmen durch das eiserne Botschaftsgitter weinend Abschied; inzwischen haben sie sich nach Öffnung der Mauer in Berlin (West) wiedergesehen.

Die Erlösung kam am Abend des 30. September, als Bonns Außenminister Genscher um 19 Uhr auf den Balkon der Botschaft trat: „Wir sind zu Ihnen gekommen, um Ihnen mitzuteilen, daß heute Ihre Ausreise ..." Und dann der Schrei, den wohl niemand, der ihn hörte, vergessen wird.

In Sonderzügen durften die Deutschen durch die DDR in die Bundesrepublik Deutschland reisen, erst aus Prag, dann auch aus Warschau. Polizei und Militär säumten die Strecken durch Dresden, Chemnitz, Plauen. Überall versuchten junge Leute unter Lebensgefahr, auf die Züge zu springen. Andere hielten brennende Kerzen und baten: „Vergeßt uns nicht."

Insgesamt kamen bis zur Öffnung der Mauer über die Bonner Botschaften 10 000 Menschen aus Ungarn, 17 000 aus der Tschechoslowakei und 4 800 aus Polen in den Westen.

Beim Aussteigen auf dem ersten Bahnhof hinter der Grenze sagte eine junge Frau: „Wir wissen, daß nicht alles Gold ist, was hier glänzt. Aber hier gibt es wenigstens keine Stasi."

Berliner Illustrirte, Sonderausgabe, 12/89, S. 76

Und dann ging es erst richtig los:

18. Oktober 1989: Erich Honecker wird nach 18jähriger Herrschaft als SED-Chef abgelöst. Egon Krenz heißt sein Nachfolger. Vorausgegangen sind zwei große Demonstrationen in Leipzig und anderen Städten.

4. November 1989: Millionen Menschen demonstrieren in Berlin (Ost) für Reformen und gegen Egon Krenz als Honecker-Nachfolger.

7. November 1989: Auf Druck der Bevölkerung wird ein neues Reisegesetz beschlossen. Da es nicht weit genug geht, tritt die DDR-Regierung geschlossen zurück.

9. November 1989: Die Grenzen öffnen sich. Millionen DDR-Bürger strömen ungehindert von Ost nach West. Berlin erlebt ein Jahrhundertereignis. Die Mauer „reißt".

10. November 1989: Entlang der „innerdeutschen Grenze" entstehen viele neue Übergänge, der Besucherstrom schwillt immer mehr an.

13. November 1989: Hans Modrow wird DDR-Ministerpräsident.

6. Dezember 1989: Das SED-Politbüro tritt zurück. Egon Krenz gibt sein Amt als Staatsratsvorsitzender zurück. Ehemals führende SED- und Staatsratsmitglieder werden ausgeschlossen, unter Hausarrest gestellt oder verhaftet. In der Folge werden die politischen Entscheidungen landesweit am „runden Tisch" vorbereitet und gefällt.

7. Dezember 1989: Beschluß eines freien Reiseverkehrs zwischen Ost und West.

18. März 1990: Erste freie Wahlen zur Volkskammer der DDR.

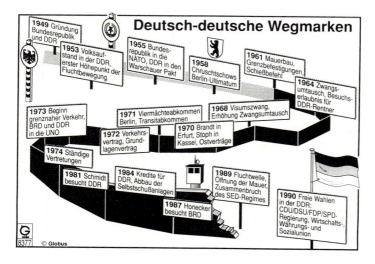

Die Mauer stürzt ein – DDR öffnet Grenze

Berliner feiern „Wiedervereinigung"/ Unbeschreibliche Freude

Eine Stadt liegt sich in den Armen

Berlin, Donnerstag, 9. Nov., 18 Uhr: Im Internationalen Pressezentrum an der Mohrenstraße beginnt eine Pressekonferenz mit Günter Schabowski, 60, im neuen Politbüro der SED verantwortlich für Informationspolitik.

18.56 Uhr: Ein Reporter der italienischen Nachrichtenagentur ANSA fragt routinemäßig, wie es denn nun aussehen solle mit einer neuen Reiseregelung für DDR-Bürger.

18.57 Uhr: Schabowski liest monoton einen ihm zugeschobenen Zettel ab: „Mir ist eben mitgeteilt worden – der Ministerrat der DDR hat beschlossen: Privatreisen nach dem Ausland können ohne Vorliegen von Voraussetzungen – Reiseanlässe und Verwandtschaftsverhältnisse – beantragt werden. Die Genehmigungen werden kurzfristig erteilt. Versagungsgründe werden nur in besonderen Ausnahmefällen angewandt." Auch Visa zur ständigen Ausreise würden erteilt, die Ausreisen könnten „über alle Grenzübergangsstellen der DDR zur BRD beziehungsweise zu Berlin-West erfolgen".

Ein paar Lidschläge lang ist Stille, bis die Presseleute die Sensation erfaßt haben, die sich hinter

Karikatur: Pielert

dem dürren Amtsdeutsch verbirgt. Ab wann? „Wenn ich richtig informiert bin, nach meiner Kenntnis unverzüglich", sagt Schabowski, jetzt selbst zögernd.

Um **19.02 Uhr** endet die Pressekonferenz. Fünf Minuten später verbreitete ADN, die amtliche Nachrichtenagentur der DDR, die neue Reiseregelung.

Berlins Regierenden Bürgermeister Walter Momper erreicht die Nachricht des Jahres beim Empfang zur Verleihung des „Goldenen Lenkrads" von BILD am SONNTAG im Verlagshaus Axel Springer an der Mauer. Er sucht nach Worten: „Daß wir das noch erleben dürfen. Nein, nein." 500 Kilometer entfernt sitzt Bundeskanzler Helmut Kohl in Warschaus Palais Radziwill beim Abendessen mit Polens Ministerpräsident Tadeusz Mazowiecki. Da wird Informationsminister Johnny Klein herausgerufen, kommt zurück und flüstert Kohl zu, daß die DDR ihre Grenze geöffnet habe.

Berlin, **19.32 Uhr:** Die Landespolizeidirektion erteilte den leitenden Beamten in den Einzelbereichen den Auftrag, sofort an die Grenzübergangsstellen zu fahren und die Ereignisse unverzüglich ins Präsidium zu melden.

Um **20.34 Uhr** meldet der Große Lagedienst der Berliner Polizei: An der Chausseestraße zwischen Wedding (West) und Berlin-Mitte (Ost) sind die ersten Ostberliner in den Westen gekommen – rund 60 Männer und Frauen.

Um **21.24 Uhr** überschreitet ein junges Paar eng umschlungen, weinend, am Übergang Bornholmer Straße die Grenze. Und um **21.28 Uhr** rollen dort die ersten Trabis über die weiße Linie. Ostberliner in der Bornholmer Straße, die schon im Bett liegen, wachen vom Getrappel und Hupen unter ihren Fenstern auf. Sie schauen hinaus, sehen das Loch in der Mauer. In fliegender Hast springen Dutzende in ihre Kleider und rennen hinüber.

Dichte Menschentrauben ballen sich an allen Übergängen. Das

Menschen-Rinnsal, das zunächst durch die Mauer sickert, wird zum sprudelnden Bach, zum schäumenden Fluß und schließlich zum reißenden Strom. Gegen **22 Uhr** brechen alle Dämme. Tausende stürmen durch die Mauer, in die Freiheit, nach Berlin (West). Nach Schätzungen der Polizei: 200 000.

Ein Trabi-Fahrer kurbelt die Scheibe herunter: „Ick fass' mir pausenlos an' Kopp." **Die Nacht der deutschen Einigkeit hat begonnen. „Wahnsinn" ist ihr häufigstes Wort. Der Verkehr bricht zusammen. Autos hupen, Korken knallen, Konfetti regnet. Berlin erlebt das schönste Chaos der Welt.**

Stunde um Stunde rollt eine Schlange von Trabis, Wartburgs und Skodas über die Tauentzienstraße zum Ku'damm. Vor dem Europacenter erwartet sie eine 500 Meter lange Gasse jubelnder Menschen, Westberliner stecken Rosen hinter die Windschutzscheiben der Trabis. Sie geben Sekt aus, laden zum Bier ein, verschenken Geld – Groschen fürs Telefonieren oder 20 Mark für eine Runde Buletten. Wer aus einem Trabi aussteigt, wird vor Freude fast erdrückt. Die Gaststätten platzen aus allen Nähten. Auf der Kreuzung vor dem Café

Kranzler tanzen die Menschen. Fremde fallen sich um den Hals wie Freunde. Dazwischen immer wieder die Rufe: „Wahnsinn." Und: „Das tollste Ding seit 100 Jahren."

Um **23.14 Uhr** dürfen auch am Checkpoint Charlie DDR-Bürger mit ihrem Ausweis durch. Hunderte stürmen in den Westen. Eine Frau ruft mit heller Stimme: „Guten Abend, ich werd' verrückt."

Auf der Westberliner Seite singen die Menschen „Willkommen, bienvenue, welcome" aus „Cabaret". Eine ältere Frau in Pantoffeln, Mantel überm Nachthemd, erzählt unter Tränen: „Meine Tochter hat angerufen und gesagt: 'Mama, Mama, du kannst zu uns nach West-Berlin'. Sofort bin ich los."

Neben ihr sagt ein Vorarbeiter aus einem volkseigenen Betrieb: „Auf den Tag hab' ich 28 Jahre lang gewartet. Ich will nur mal sehen, ob meine Straße auch im Westen weitergeht."

Am Übergang Invalidenstraße laufen 30 bis 40 Ostberliner zwei-, dreimal hin und zurück, als wollten sie ausprobieren, ob der Traum auch hält – erst bis zur Bushaltestelle, dann ein paar Schritte weiter zur Eckkneipe, in

der es ein Bier gibt, und schließlich dahin, wo es die meisten hinzieht: „Einmal Ku'damm gukken."

Ein Mann, einen Mantel über dem Trainingsanzug, erzählt dort: „Wir woh'n Bornholmer Straße, im Osten, wa. Ick war schon inne Heia, die Alte jeht noch mit'n Hund runter, kommt ruff und sagt: Mensch, du, die jehn alle nach'n Westen. Ick nischt wie anjezogen und rüber."

Auch an der Grenze zwischen DDR und Bundesrepublik wagen in dieser Nacht Trabi-Fahrer über die Autobahn den ersten Ausflug in die Freiheit. Um Mitternacht drängen sich in Rudolphstein an der Autobahn Berlin–München schon etwa 30 Trabi-Fahrer. Am Autobahnübergang Helmstedt überquert eine junge Ärztin aus Magdeburg im Trabi die Grenze: „Ich wollte mal sehen, ob es klappt." Aus einer Telefonzelle ruft sie zu Hause in Magdeburg an: „Es klappt." Dann fährt sie wieder nach Hause: „Bis morgen."

An dem Wochenende, das morgen beginnt, werden es Millionen sein, die sich aufmachen, von Deutschland nach Deutschland.

Berliner Illustrirte, Sonderausgabe, 12/89, S. 22

10

Hunderttausende DDR-Bürger wurden durch Massenmedien, die erstmals frei berichten durften, über die Machenschaften ihrer bisherigen politischen Führungsriege aufgeklärt. Drängend und ausdauernd demonstrierten sie weiter für politische Veränderungen und baldige freie Wahlen.

Trabis vor dem Grenzübergang Schwerin
Hannoversche Allgemeine Zeitung, Sonderausgabe, 12/89, S. 27

Berlins Hauptverkehrsstraße: Die Straße des 17. Juni
Hessisch-Niedersächsische-Allgemeine, 11/89

Mauerbrocken als Souvenir. Ansichtssache.
Hannoversche Allgemeine Zeitung, Sonderausgabe,
12/89, S. 27

In Berlin (West) lebende ausländische Gastarbeiter neh-
men DDR-Grenzsoldaten in den Arm.
Hessisch-Niedersächsische-Allgemeine, 11/89
(Alle Fotos dpa-Funkbilder)

„Wir sind das Volk" und „Deutschland einig Vaterland"

kennzeichneten als Demonstrationsparolen, aber auch als ernstzunehmende politische Absichtserklärung, die Situation Ende 1989.

Die „Oktoberrevolution" brachte mit einer unfaßbaren Geschwindigkeit Veränderungen in die DDR. Nahezu alle bisherigen Grundsätze und Positionen wurden binnen Tagen in Frage gestellt.

Honecker: Die Welt mag sich drehen, wir bleiben stehen
Zeichnung: Peter Leger

Massenansturm von DDR-Bürgern

Flüchtlingslager „brechend voll"

In mehreren DDR-Städten / Allein 300 000 in Leipzig

DDR / Grenze

Hunderttausende demonstrierten Kontrollen gelockert

Berlin (dpa). In Leipzig haben das Volk ...

DDR-Regierung zurückgetreten

DDR-Fluchtwelle

60 000 in sechs Tagen

München (dpa). D DDR-Flüchtling unaufhörlich. Sprecl Bundesgrenzschutze

Krenz nicht mehr Parteichef / Reformer bereiten Sonderparteitag vor

SED-Führung gibt auf

Im Wind des Wandels

Als sich am 9. November 1989 der Eiserne Vorhang und die Mauer in Berlin öffneten, erfaßte die Deutschen in Ost und West ein 40 Jahre lang unterdrücktes Gefühl, nämlich eins zu sein. Dabei hatten es die Soziologen doch klar zu erkennen geglaubt: Die Deutschen aus Ost und West hätten sich auseinandergelebt; in der DDR sei eine völlig fremde Gesellschaft mit anderen Werten entstanden. Nach 40jähriger Spaltung könnten sich die Menschen in beiden Teilen Deutschlands kaum noch miteinander verständigen. Sie hätten auch gar nicht mehr den Willen dazu. Welch eine grandiose Fehldiagnose! Nach wenigen Tagen Reisefreiheit und der deutsch-deutschen Wiederbegegnung wurde das Gegenteil offenbar. Der kapitalistische Westen, immer dargestellt als kalte Gesellschaftsordnung, begegnete den Besuchern aus Berlin, aus dem Eichsfeld, aus Thüringen mit einer Welle der Sympathie und spontaner Hilfsbereitschaft.

Je größer die „Ungeheuerlichkeiten" waren, die an den Tag kamen, desto größer wurden die Forderungen der Bürger nach grundlegenden Erneuerungen. Diejenigen, die noch am 7. Oktober 1989 anläßlich der 40-Jahr-Feiern der DDR den Sozialismus als das überragende politische Modell und die sozialistische Planwirtschaft als die Wirtschaftsordnung der Zukunft gepriesen hatten, sahen sich als Nutznießer dieses Systems bloßgestellt. Während die Bevölkerung Schlange vor den Läden stand, verpraßte in dem Ostberliner Wohnviertel Wandlitz die SED-Prominenz Devisen in Millionenhöhe.

Das Ehepaar Erich und Margot Honecker war Eigentümer von 14 Privatautos – vom Wartburg über Toyota und Range Rover bis hin zum aufwendig umgebauten Mercedes.

In der Prominentensiedlung Wandlitz stand nicht nur jedem Politbüromitglied mindestens ein „personengebundener Volvo mit Fahrer" zu, auch ihren Familienangehörigen standen rund um die Uhr Volvo-Fahrzeuge zur Verfügung. Sie konnten ohne Begründung angefordert werden. Vom 9. Oktober bis Ende November geschah dies mehr als 1 500 mal.

Es sei selbstverständlich gewesen, sich zum Friseur, zur Arbeit nach Berlin (Ost), zu Einkäufen und zur Disco fahren zu lassen. Für die Privatfahrzeuge der Spitzenfunktionäre gab es kostenloses Superbenzin an einer besonderen Tankstelle in Wandlitz und einer weiteren in Berlin (Ost). Alle Angestellten in Wandlitz waren Angehörige des Staatssicherheitsdienstes. Sie unterlagen

Karikatur: Pielert

„der militärischen Befehlsgewalt und der absoluten Schweigepflicht".

Die durch Hecken und Zäune gut geschützten Villen seien stets von gepflegten, parkähnlichen Gartenanlagen umgeben, schreibt die Zeitung. „Wir verarbeiteten kanadisches Holz, italienisches Fußbodenmosaik, westdeutsche Sanitärkeramik", werden frühere Mitarbeiter des VEB Spezialbau zitiert.

WAZ 12/89

**Helmut Kohl,
Bundeskanzler**

Hoffnung durch offene Grenzen

Freiheit war, ist und bleibt der Kern der deutschen Frage. Das heißt vor allem: Unsere Landsleute in der DDR müssen selbst entscheiden können, welchen Weg in die Zukunft sie gehen wollen. Sie wissen selbst am besten, was sie wollen. Das gilt auch für die Frage der deutschen Einheit, die Frage der Wiedervereinigung.

(Beifall der Abgeordneten der SPD und der GRÜNEN)

Wer unsere Landsleute nicht bevormunden möchte, der sollte ihnen jetzt auch nicht einreden, das Beste sei die staatliche Teilung unseres Vaterlandes.

(Lebhafter Beifall und Bravorufe bei der CDU/CSU und der FDP)

Die Bundesregierung hält an ihrem deutschlandpolitischen Kurs fest.

(Zuruf von der SPD: Das ist schlimm genug!)

Es war und ist und bleibt ein erfolgreicher Kurs. Er dient den Menschen und nicht irgendeiner Ideologie.

(Lang anhaltender Beifall bei der CDU/CSU und der FDP)

Bei aller Freude über die neugewonnene Bewegungsfreiheit unserer Landsleute in der DDR dürfen wir nicht vergessen: Wir stehen erst am Anfang einer Entwicklung. Wir sind noch lange nicht am Ziel: Das Recht aller Deutschen auf Selbstbestimmung ist noch nicht verwirklicht; der Auftrag des Grundgesetzes, die Einheit und Freiheit Deutschlands zu vollenden, ist noch nicht erfüllt.

Die Menschen in der DDR sind auf unsere Hilfe angewiesen. Eine Reihe von Maßnahmen können und müssen wir sofort – und, wo nötig, einseitig – ergreifen. In vielen anderen Bereichen kommt es jedoch entscheidend auch auf die Mitwirkung der DDR an.

**Otto Graf Lambsdorff,
Rechtsanwalt,
Bundesminister a. D., Bonn**

Gegen lautstarke Grundsatzdiskussionen

Meine Damen und Herren, es sei nochmals in aller Klarheit gesagt: Wir fordern das Selbstbestimmungsrecht für unsere Landsleute in der DDR. Wir – die Bundesrepublik Deutschland – respektieren jede in freier Beschlußfassung getroffene Entscheidung der Bevölkerung der DDR, sowohl zur Frage der Zweistaatlichkeit oder Einheit Deutschlands wie auch zur künftigen Wirtschafts- und Gesellschaftsordnung, wozu übrigens unerläßlich dann auch freie Gewerkschaften gehören.

Die sozialistischen Wirtschaftsvorstellungen haben abgewirtschaftet und werden mit noch so viel gutem Willen auch in der DDR nicht zum Erfolg verhelfen, wobei ich nicht sage, daß wir alle Erscheinungen der kapitalistischen Systeme und Ordnungen, die ja auch nicht nur ihre schönen Seiten haben, auf die DDR übertragen wissen wollen. Aber es bleibt dabei, es ist deren Entscheidung und niemandes anderen.

Daß 40 Jahre Teilung an der Einheit der Nation, an der Einheit der Menschen nichts ändern konnten, das hat sich in diesen Tagen gleichwohl nachhaltig genug erwiesen.

Die FDP hält nichts davon, durch eine lautstarke Grundsatzdiskussion um die Wiedervereinigung den Weg der DDR in die Freiheit zu belasten und zu behindern.

(Beifall bei der FDP und der CDU/CSU sowie bei der SPD)

Ein Fortgang des Entspannungsprozesses und eine merkliche Strukturänderung in den Bündnissystemen können in Zukunft vielleicht eine Änderung herbeiführen und ein etwaiges deutsch-deutsches Votum für die staatliche Einheit Realität werden lassen.

Willy Brandt, Bundeskanzler a. D.

Zusammenarbeit mit der DDR

Meine verehrten Kolleginnen und Kollegen, neu und wiederholt stellt sich die Frage nach der deutschen Einheit. Offensichtlich halten die Landsleute in der DDR das Thema Wahlen jetzt für das vorrangige, und das kann ich verstehen.

(Beifall bei der SPD und bei Abgeordneten der CDU/CSU)

Keiner von uns wird dem widersprechen wollen. Ich habe, wie mancher hier weiß, auch wenn er es nicht immer richtig eingeordnet hat, was ich bedaure, seit vielen Jahren mein Problem mit dem „Wieder" bei der Vereinigung, weil ich überzeugt war und bin:

Dies suggeriert, als könnte etwas wieder so werden, wie es einmal war. Und außerdem steht es nicht im Grundgesetz, Herr Kollege Dregger.

(Beifall bei Abgeordneten der SPD und der GRÜNEN – Dr. Dregger [CDU/CSU]: Aber im Deutschlandvertrag!)

Das Grundgesetz fordert uns auf, für Selbstbestimmung und Einheit in Freiheit und für Europa – das haben viele vergessen; schon 1949 – zu wirken.

(Beifall bei der SPD, den GRÜNEN und der FDP sowie bei Abgeordneten der CDU/CSU)

Was wir erleben, meine Damen und Herren, das hat nun zu einem nicht unerheblichen Teil zu tun mit dem Heranwachsen einer Einheit von unten.

Meine Damen und Herren, über den Tag hinaus handelt der Prozeß, den wir erleben – geschichtlich wird es einmal so gewertet werden, vom Zusammenwachsen der Teile Europas, nicht von heute auf morgen, aber wohl zu einem wesentlichen Teil noch in dem Jahrzehnt, das vor uns liegt.

Das Parlament, 12/89

Mit Beginn des Jahres 1990 rückte der deutsche (Wieder-) Vereinigungsprozeß in immer greifbarere Nähe. Die Menschen in der DDR bewegte neben der völligen Neuorganisation der politischen Strukturen insbesondere auch die Frage, wann und zu welchen Bedingungen sie in den Genuß der DM als harte Währung kommen würden. Der Spruch: „Wenn die DM nicht zu uns kommt, kommen wir zu ihr" heizte das Tempo der Einigungsbemühungen in beiden Teilen Deutschlands ständig an. Anfängliche Vorbehalte der Alliierten gegen die Geschwindigkeit des Einigungsprozesses wurden schnell abgebaut. Auch hier spielte wieder das Einlenken Moskaus unter der Führung Gorbatschows eine entscheidende Rolle.

Hinzu kam, daß Weihnachten 1989 mit der Hinrichtung des rumänischen Diktators Ceauşescu eine weitere Ära kommunistischer Unterdrückung und Alleinherrschaft zu Ende ging. In Prag wurde mit Václav Havel der erste nichtkommunistische Staatspräsident gewählt.

Am 18. März 1990 wählte die DDR erstmals in Freiheit die Abgeordneten der Volkskammer:

Sensationeller Wahlsieg für die CDU

Volkskammer: Konservative Allianz in der Nähe der absoluten Mehrheit

Berlin (AP/dpa). Die erste freie Parlamentswahl in der DDR hat gestern einen sensationellen Sieg der Ost-CDU gebracht. Die Partei des Vorsitzenden Lothar de Maizière erreichte nach einer ZDF-Hochrechnung 42,3 Prozent. Die konservative Allianz für Deutschland, das von den Bonner Unionsparteien und Bundeskanzler Kohl unterstützte Bündnis aus Ost-CDU, Deutscher Sozialer Union (DSU) und Demokratischem Aufbruch, kam nach letzten Hochrechnungen in die Nähe der absoluten Mehrheit. Die SPD ist der große Verlierer der Wahl. Nur 21,1 Prozent der Wähler entschieden sich für sie. Überraschend stark war dagegen die SED-Nachfolgepartei PDS mit 15,6 Prozent. Die Wahlbeteiligung lag bei 90 Prozent.

Wahlsieger de Maizière, vermutlich der neue Ministerpräsident der DDR, wertete das stolze Ergebnis für seine Partei als „wahnsinnig hohe Verantwortung".

De Maizière sprach sich für eine breite Koalition in der DDR aus. Zur Bildung der neuen Regierung sagte der CDU-Politiker: „Wir brauchen verfassungsändernde Mehrheiten, wir werden eine ziemlich breite Koalition brauchen."

Für die SPD hatten Umfragen vor Wochen noch eine absolute Mehrheit vorausgesagt. SPD-Chef Ibrahim Böhme meinte in einer ersten Stellungnahme, das Wahlergebnis mache die SPD nicht glücklich.

Der stellvertretende SPD-Parteivorsitzende Markus Meckel räumte ein, man könne nur sagen: „Wir sind der große Verlierer."

Der PDS-Vorsitzende Gysi sagte, seine Partei werde künftig eine moderne, linke Politik machen, die „gegen Alleinherrschaft und Monopol ist". Er habe gemeinsam mit seinen politischen Freunden die Partei erneuert, „weil uns die vorhergehende

nicht gefallen hat". Mit Blick auf Prognosen vom Januar, wonach die PDS nur noch fünf Prozent der Stimmen erhalten werde, sei die neue Voraussage vom Wahlabend ein Zeichen dafür, daß seine Partei bei der Erneuerung und Glaubwürdigkeit Fortschritte gemacht habe.

Viertstärkste Gruppierung nach Allianz, SPD und PDS wurden die im Bund Freier Demokraten zusammengeschlossenen und von der bundesdeutschen FDP geförderten Liberalen mit 5,2 Prozent. Dazu gehören die Liberaldemokratische Partei (LDP) des noch amtierenden Staatschefs Gerlach, die Ost-FDP und die Deutsche Forumspartei.

Alle anderen der insgesamt 24 Parteien und Listenverbindungen, die am Sonntag zur Wahl standen, erhielten zusammen nicht mehr als zehn Prozent.

Die weiteren Schritte auf dem Weg zur Einheit waren nach diesem Wahlergebnis fest vorprogrammiert. Allen Parteien waren die Bedingungen für ein geeintes Deutschland in einer gesamteuropäischen Konzeption klar: Nationale Einheit im europäischen Rahmen. Unter Führung der konservativen „Allianz für Deutschland" bildete sich in der DDR eine große Koalition. Ministerpräsident Lothar de Maizière stellte zusammen mit der Bundesregierung die Weichen für eine gemeinsame wirtschaftliche, politische und soziale Zukunft der ehemals zwei getrennten Staatssysteme.

Bausteine für ein europäisches Deutschland

Staatsvertrag
zwischen BR Deutschland
und DDR über **Währungsunion,
Wirtschaftsunion, Sozialunion**

2-plus-4-Gespräche
(DDR + BR Deutschland
+ 4 Siegermächte) über
**Vorbehaltsrechte, Truppen-
stationierung, Berlin**
Deutschland und seine Stellung
zu **NATO/Warschauer Pakt,
Sicherheitsinteressen der UdSSR**

**Einbeziehung
der DDR in die EG**
Vereinbarung von
Übergangsregelungen

**Grenzgarantie
für Polen**
durch beide
deutsche Parlamente,
später durch
gesamtdeutsches Parlament

Beschlüsse zur
**Politischen Union
der EG-Staaten**
mit Aufgabe von
Souveränitätsrechten

Neue
**Sicherheitsordnung
für Europa**
durch Fortentwicklung der KSZE
(Konferenz über Sicherheit und
Zusammenarbeit in Europa)

8282 © Globus

Die Situation des Aufbruchs führte die Deutschlandpolitik in eine völlig neue Richtung. Der Bogen der Möglichkeiten spannte sich vom friedlichen Nebeneinander bis hin zur Wiedervereinigung im Sinne des Grundgesetzes der Bundesrepublik Deutschland.

Beide Länder gehörten wirtschaftlichen und militärischen Blöcken an. Die alliierten Siegermächte des zweiten Weltkrieges standen der Situation zunächst ebenso überfordert wie hoffnungsvoll, gleichzeitig aber auch abwartend und skeptisch gegenüber.

Es gab unüberhörbare Argumente, die sich kritisch mit dem Gedanken einer schnellen Wiedervereinigung auseinandersetzten. Hauptgrund dürfte dabei gewesen sein, daß das Wirtschaftsgefälle zwischen beiden deutschen Staaten nur eine einseitige Anpassung der DDR an die Bundesrepublik Deutschland bedingen würde. Die Folge mußte eine nahezu völlige Aufgabe des zwar kapitulierten, aber als System teilweise nicht vergessenen sozialistischen Weltbildes sein.

Im Deutschen Bundestag wurde über den Begriff der Wiedervereinigung ebenso kontrovers diskutiert wie über die Frage, welche politische Partei den „Erfolg" in der Deutschlandpolitik auf ihre Fahnen heften dürfe.

Volker Rühe (CDU), 08.12.89

Eine Nation

Die Menschen in der Bundesrepublik Deutschland und in der DDR gehören zu einer Nation. Wir sind fest davon überzeugt, daß sich die große Mehrheit der Bürger in der DDR in freier Entscheidung für die Einheit der deutschen Nation und letztlich auch für die staatliche Einheit, die Wiedervereinigung, entscheiden wird.

Das von den Sozialdemokraten immer wieder ins Spiel gebrachte Argument, daß die Zweistaatlichkeit Deutschlands die notwendige Bedingung für Stabilität und Frieden in Europa sei, das ist vor aller Augen widerlegt worden und so nicht länger haltbar.

Die Bürger der DDR wären damit für uns Ausländer geworden. Sie hätten wie Flüchtlinge aus Sri Lanka, aus Ghana einen Asylantrag stellen müssen.

(Büchler [Hof] [SPD]: Wer hat das gefordert als SPD? Reden Sie doch keinen Unsinn!)

Das wären die Folgen von sozialdemokratischer Deutschlandpolitik gewesen.

Wer heute nur vom Wiedersehen statt von der Wiedervereinigung spricht, der schätzt erneut die Mehrheit der Menschen in unserem Lande falsch ein und springt zu kurz. Es ist überhaupt gar keine Frage, daß es in diesen Tagen den Menschen um das Wiedersehen geht, um die menschliche Wiedervereinigung.

Otto Graf Lambsdorff (FDP), 08.12.89

Einheitliche Staatsbürgerschaft entscheidend

Wir sagen hier noch einmal: Ohne die einheitliche deutsche Staatsbürgerschaft – das ist der ernste Hintergrund all dieser Bemerkungen und Diskussionen – hätte Ungarn die Tore für die, die in unserer Botschaft Zuflucht gesucht hatten, nicht öffnen können.

Ohne die deutsche Staatsbürgerschaft hätte es zu der bewegenden Szene nach der Erklärung von Außenminister Genscher im nächtlichen Prag nicht kommen können.

Der Aufbruch, den wir heute erleben, ist zunächst das Verdienst der Menschen, die ihren Freiheitswillen so eindrucksvoll demonstrieren. Er ist aber auch das Ergebnis von politischen Entwicklungen der vergangenen Jahre. Auch wir in der Bundesrepublik, meine Damen und Herren, haben mit unserer Politik dazu ganz maßgeblich beigetragen. Der Weg zur deutschen Einheit, das wissen wir alle, ist nicht vom grünen Tisch oder mit einem Terminkalender in der Hand zu planen. Abstrakte Modelle kann man vielleicht polemisch verwenden, aber sie helfen nicht weiter.

Hans-Jochen Vogel (SPD), 08.12.89

Trennendes zurückstellen

Erstens: Wir anerkennen und bejahen das Selbstbestimmungsrecht der Menschen in der DDR nach innen, aber auch nach außen. Sie haben darüber zu entscheiden, ob sie in einem eigenen Staat leben wollen oder nicht, und wie sie sich die Organisation des Zusammenlebens mit uns im einzelnen vorstellen. Das Selbstbestimmungsrecht ist und bleibt die zentrale Antwort auf die deutsche Frage.

Zweitens: Wir haben kein Recht, die Menschen in der DDR zu bevormunden; ihr Selbstbewußtsein, das aus dem neugewonnenen Vertrauen in die eigene Kraft gewachsen ist, würde das auch gar nicht zulassen. Diejenigen, die den Menschen in der DDR von hier aus sagen, sie hätten sich unverzüglich für den Anschluß an die Bundesrepublik zu entscheiden, verletzen diesen Grundsatz ebenso wie die, die ihnen die Beibehaltung der Zweistaatlichkeit vorschreiben.

Jutta Oesterle-Schwerin (Die Grünen), 08.12.89

Kein Grund für Wiedervereinigung

Meine Damen und Herren, es gibt einige Gründe, die mich und viele andere Menschen dazu veranlassen, Angst vor einer Wiedervereinigung zu haben. Es gibt aber keinen einzigen vernünftigen Grund, der für eine Wiedervereinigung spricht. Kein einziges Problem unserer Zeit kann in einem vereinigten deutschen Staat besser gelöst werden als in zwei Staaten. Weder die ökologische Zerstörung hüben und drüben noch die soziale Verelendung durch materielle Armut und Vereinsamung werden durch die Zusammenlegung von Staaten beendet. Wenn Herr Rühe sagt, wir gehören alle zu einem Volk, dann frage ich Sie: Was nützt es der Verkäuferin in Leipzig, der Kassiererin in Dresden oder der Arbeiterin in Ost-Berlin, wenn sie mit Neckermann oder Thyssen zu einem Volk gehören? Sie werden, wenn das westdeutsche Kapital seinen Einzug in die DDR hält, von ihm nicht besser behandelt werden als die westdeutschen Arbeitnehmerinnen.

17

Kurz nach dem Fall der Mauer legte die Bundesregierung in einem sogenannten 10-Punkte-Plan ihre deutschlandpolitischen Zielsetzungen fest. Im Gegensatz zu den politischen Diskussionen in der Bundesrepublik war es in der DDR einmal mehr das Volk, welches in den traditionellen landesweiten Montagsdemonstrationen die Forderung nach einer möglichst schnellen Wiedervereinigung aufstellte.

dpa-Funkbild

Die „Übergangsregierung" der DDR unter Führung von Hans Modrow und Egon Krenz hatte keine andere Wahl, als diesen Forderungen nachzukommen. Dabei wurde in den wichtigsten Punkten des Planes der Bundesregierung Übereinstimmung erzielt.

22

Ein erster Staatsvertrag, der zwischen der Bundesregierung und der Regierung der DDR ausgehandelt und von der Volkskammer der DDR sowie dem Deutschen Bundestag und dem Deutschen Bundesrat beschlossen wurde, legte die wirtschaftlichen, sozialen und währungspolitischen Eckdaten für den weiteren Weg zur deutschen Einheit fest.

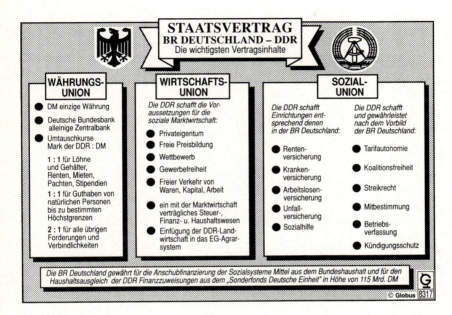

Mit Inkrafttreten des Staatsvertrages am 1. Juli 1990 wurde das System der Zentralverwaltungswirtschaft abgelöst durch die Einführung der sozialen Marktwirtschaft in der DDR. Mit diesem schwerwiegenden wirtschafts- und sozialpolitischen Eingriff wurde „über Nacht" vieles anders.

Äußeres Zeichen des Wandels war die Einführung der DM als offizielles Zahlungsmittel der DDR. Der Staatsvertrag sah aber ebenso die stufenweise Übernahme einer Reihe wichtiger Wirtschafts- und Steuergesetze vor. Nicht zuletzt gerieten viele DDR-Betriebe durch wegfallende Subventionen und mangelnde Wettbewerbsfähigkeit in große finanzielle und existentielle Schwierigkeiten.

Währungsunion mit DDR vollzogen/Kohl in Fernsehansprache:

„Großer Tag" für Deutschland

Berlin (dpa/AP). Mit der am Sonntag vollzogenen Währungsunion mit der DDR ist eine wichtige Etappe auf dem Weg zur Vereinigung der beiden deutschen Staaten erreicht worden. Bundeskanzler Kohl sagte gestern Abend in einer Fernsehansprache: „Dies ist der entscheidende Schritt zur Einheit unseres Vaterlandes, ein großer Tag in der Geschichte der deutschen Nation." Der Kanzler rief die Deutschen in Ost und West auf, gemeinsam und ohne zu zögern Freiheit und Wohlstand für alle Deutschen zu erarbeiten. Die deutsche Einheit werde jetzt erlebbare Wirklichkeit.

DDR-Ministerpräsident de Maizière betonte in einem Gespräch mit der dpa: „Heute ist nicht nur der Tag der D-Mark, sondern auch der Tag der freien Grenzen." Punkt 00.00 Uhr fielen sämtliche noch bestehenden Kontrollen an dem einstigen Eisernen Vorhang weg. Bereits im Dezember soll nach den jetzigen Plänen ein gemeinsames deutsches Parlament gewählt werden.

Der erste Tag der im Staatsvertrag vereinbarten Wirtschafts-, Währungs- und Sozialunion begann vielfach mit einem regelrechten Ansturm auf das begehrte neue Geld. In den ersten Stunden der Währungsunion

wurden schätzungsweise über 2,6 Milliarden DM an DDR-Bürger ausbezahlt.

Bereits Stunden vor Mitternacht hatten sich in Berlin (Ost) Hunderte und später Tausende Menschen vor der Filiale der Deutschen Bank am Alexanderplatz eingefunden, die Schlag Mitternacht ihren Geschäftsbetrieb aufnahm. Für kurze Zeit waren dort tumultartige Szenen entstanden, als mehrere Menschen in der schwülwarmen Sommernacht Schwächeanfälle erlitten und Fensterscheiben zu Bruch gingen. Die meisten anderen Kreditinstitute in Berlin (Ost) und in den anderen Gemeinden der DDR öffneten erst am Sonntag morgen um 09.00 Uhr.

Die historisch einmalige Transaktion, die international höchste Beachtung fand, verlief nach übereinstimmenden Aussagen von Bundesbankdirektor Gaddum, DDR-Sparkassenpräsident Voigt und den Sicherheitsbehörden völlig kontrolliert ab. Für die erste Tauschwelle am 1. Juli hatten von rund 16 Millionen DDR-Bürgern etwa 14 Millionen Umtauschanträge abgegeben. Ein direkter Bargeldumtausch ist ausgeschlossen.

Die neue D-Mark erhielten die DDR-Bürger gegen sogenannte

Auszahlungsquittungen. Davon wurden vier Millionen mit einem Durchschnittsbetrag von rund 800,00 DM ausgegeben. Bei drei Personen pro Auszahlungsquittung ließ sich der Durchschnittsbürger 260,00 DM ausbezahlen. Nach ersten vorläufigen Berechnungen wurden etwa 70 Prozent der für die Erstausstattung beanspruchten vier bis 4,5 Milliarden DM bereits am Sonntag ausbezahlt. Insgesamt hatte die Bundesbank 25 Milliarden DM in die DDR geschafft. Am ersten Tag wurden bereits die 20-DM-Scheine knapp.

Der Ostberliner Regierungschef de Maizière sprach von einem „Tag des Anschubs unserer Wirtschaft". Er appellierte an die Bürger, in Zukunft vor allem DDR-Ware zu kaufen. Er bescheinigte seinen Mitbürgern große Vernunft beim Start in die soziale Marktwirtschaft.

Die DDR-Bürger, die den Beginn der Wirtschaftsunion mit Böllerschüssen, Jubelrufen und stundenlangen Hupkonzerten gefeiert hatten, erhoffen sich von der Einführung der D-Mark zunächst vor allem eine bessere Versorgung mit den Waren des täglichen Bedarfs.

20

Die Frage der internationalen Rolle eines vereinigten Deutschlands konnte nur in Zusammenhang mit den Alliierten gelöst werden. Hier spielte die sowjetische Führung wiederum eine Schlüsselrolle, denn von ihr hing es ab, inwieweit sie bereit (und politisch in der Lage) war, ihren Einflußbereich einzuschränken. Die Bundesregierung verfolgte in enger Abstimmung mit ihren westlichen Verbündeten von Anfang an das Ziel, daß ein wiedervereinigtes Deutschland trotz geänderter politischer Strukturen und Landkarten in jedem Falle Mitglied der Nato bleiben müsse.

Kohl mit Gorbatschow einig/Nach Übergangszeit:

Vereintes Deutschland in der Nato

Als Ergebnis der Gespräche mit Präsident Gorbatschow zählte Bundeskanzler Kohl acht Punkte auf:

1. Die Einigung Deutschlands umfaßt die Bundesrepublik, die DDR und Berlin.

2. Wenn die Einigung vollzogen wird, werden die Viermächterechte und -verantwortlichkeiten vollständig abgelöst. Damit erhält das geeinte Deutschland zum Zeitpunkt seiner Vereinigung seine volle und uneingeschränkte Souveränität.

3. Das vereinte Deutschland kann in Ausübung seiner uneingeschränkten Souveränität frei und selbst entscheiden, ob und welchem Bündnis es angehören will. Das entspricht der KSZE-Schlußakte. Ich habe als die Auffassung der Regierung Bundesrepublik Deutschland erklärt, daß das geeinte Deutschland Mitglied des Atlantischen Bündnisses sein möchte, und ich bin sicher, dies entspricht auch der Ansicht der Regierung der DDR.

4. Das geeinte Deutschland schließt mit der Sowjetunion einen zweiseitigen Vertrag zur Abwicklung des Truppenabzuges aus der DDR, der innerhalb von drei bis vier Jahren beendet sein soll. Gleichzeitig soll mit der Sowjetunion ein Überleitungsvertrag über die Auswirkung der Einführung der D-Mark in der DDR für diesen Zeitraum von drei bis vier Jahren abgeschlossen werden.

5. Solange sowjetische Truppen noch auf dem ehemaligen DDR-Territorium stationiert bleiben, werden die Nato-Strukturen nicht auf diesen Teil Deutschlands ausgedehnt. Die sofortige Anwendung von Artikel fünf und sechs des Nato-Vertrages bleibt davon von Anfang an unberührt. Nicht integrierte Verbände der Bundeswehr, das heißt Verbände der territorialen Verteidigung, können sofort nach der Einigung Deutschlands auf dem Gebiet der heutigen DDR und in Berlin stationiert werden.

6. Für die Dauer der Präsenz sowjetischer Truppen auf dem ehemaligen DDR-Territorium sollen nach der Vereinigung nach unserer Vorstellung die Truppen der drei Westmächte in West-Berlin verbleiben. Die Bundesregierung wird die Westmächte darum ersuchen und die Stationierung mit den jeweiligen Regierungen vertraglich regeln.

7. Die Bundesregierung erklärt sich bereit, noch in laufenden Wiener Verhandlungen eine Verpflichtungserklärung abzugeben, die Streitkräfte eines geeinten Deutschlands innerhalb von drei bis vier Jahren auf eine Personalstärke von 370 000 Mann zu reduzieren. Die Reduzierung soll mit dem Inkrafttreten des ersten Wiener Abkommens begonnen werden.

8. Ein geeintes Deutschland wird auf Herstellung, Besitz und Verfügung über ABC-Waffen verzichten und Mitglied des Nicht-Weitergabe-Vertrages bleiben.

(dpa)

Die „Moskauer Gespräche" zwischen Kohl und Gorbatschow erbrachten damit ein wahrhaft „historisches" Ergebnis. Gesamtdeutschland wird der Nato angehören; zugleich erhält es die uneingeschränkte Souveränität. Mit dem deutsch-sowjetischen Vertrag wurde das Ende der Vier-Mächte-Rechte in Deutschland eingeläutet.

Zu einer unerwartet harten Kontroverse kam es bei der Frage des Beitrittstermins der DDR zur Bundesrepublik Deutschland.

Während die konservativen Allianzparteien in Berlin (Ost) unter Führung von Lothar de Maizière zunächst zeitgleich, aber getrennt am 02. Dezember 1990 in beiden deutschen Staaten wählen lassen wollten, um danach ihren Beitritt zu erklären, bestanden die Koalitionspartner unter Führung der SPD (Ost) auf einem vorherigen Eintritt und einer einheitlichen Wahl. Dabei spielte die Frage der 5%-Klausel eine entscheidende Rolle.

Während kleinere Parteien und Gruppierungen der DDR, die maßgeblich an dem dortigen Umschwung im November 1989 beteiligt waren, bei einer einheitlichen 5%-Hürde kaum eine Chance gehabt hätten, wäre ihnen (aber auch der PDS als Nachfolgepartei der SED) ein getrenntes Wahlsystem zugute gekommen.

Kurz vor einem völligen Koalitionsbruch rangen sich die politischen Kräfte in Ost und West zu einem Kompromiß durch, dem sogenannten „Huckepackverfahren".

Listenverbindungen / Huckepackverfahren

Listenverbindungen verschiedener Parteien bei einer Bundestagswahl sind bisher im Bundeswahlgesetz nicht vorgesehen. Werden sie zugelassen, können normalerweise getrennt voneinander handelnde Parteien gegenüber dem Bundeswahlleiter erklären, daß bei der Auszählung nach der Wahl die auf sie entfallenden Stimmen zunächst zusammengerechnet werden sollen. Ziel ist es, damit die Hürde von fünf Prozent für den Einzug ins Parlament zu überwinden.

Eine Listenverbindung bedeutet aber nicht die gemeinsame Kandidatur der verbundenen Parteien auf einer einheitlichen Liste. So ist durchaus denkbar, daß zwei zusammengehende Parteien als Konkurrenten auf dem Wahlzettel stehen. Ihre errungenen Stimmen werden lediglich hinterher zu

sammengezählt.

Die Anzahl der Sitze im Parlament, die eine Partei bekommt, bestimmt sich dann nach dem

Anteil der Stimmen, die sie allein auf sich vereinigen konnte. Mit der Verbindung ist somit auch noch keine Entscheidung über eine mögliche spätere Fraktionsgemeinschaft der Parteien getroffen.

Mit einer solchen Regelung können die bei einer Wahl abgegebenen Stimmen möglichst vollständig berücksichtigt werden.

(AP)

Hessisch-Niedersächsische Allgemeine, 02.08.90

„Liliputaner! Einsteigen und Klappen schließen!"
Karikatur: Wolter

22

Noch ist die Frage der künftigen deutschen Hauptstadt nicht entschieden. Vieles deutet darauf hin, daß Berlin diese Rolle zufällt. Vorbehalte wurden vor allem aus der Sicht der historischen Rolle Berlins als deutscher Hauptstadt geäußert.

Unabhängig davon wird sich auch die regionale Struktur der DDR noch vor den ersten gesamtdeutschen Wahlen entscheidend wandeln. Die DDR hat die 1952 abgeschafften fünf Bundesländer wieder gebildet und sich damit der föderalen Struktur der Bundesrepublik Deutschland angepaßt.

DDR als föderal gegliederter Bundesstaat
Nach 38 Jahren wieder fünf Länder

Das Land der Seen
Mecklenburg-Vorpommern:
In dem agrarisch strukturierten Land an der Ostsee mit seiner idyllischen Seenplatte leben heute rund zwei Millionen Menschen. Rostock ist der größte Überseehafen der DDR. Bekannte Städte sind auch die frühere Hauptstadt Schwerin, Wismar, Neubrandenburg und Stralsund. Im Westen grenzt das 22 938 Quadratkilometer (1946) große Land an Schleswig-Holstein. Bekannte Schriftsteller wie Uwe Johnson und Walter Kempowski stammen aus dem Land der 650 Seen. Jedes Jahr zieht es rund drei Millionen DDR-Touristen in den Sommermonaten an die Ostseeküste in die Badeorte.

Herzland Preußens
Brandenburg:

„Laßt prunkvolle Bauten um mich sein", sagte Friedrich der Große und ließ 1745 bis 1747 mit dem Potsdamer Schloß Sanssouci seine barocke Lebenslust verewigen. Im Herzland Preußens leben heute (ohne Berlin) gut zweieinhalb Millionen Menschen.

Dieser Teil des norddeutschen Tieflandes umfaßt die von Kiefernwäldern, Sandböden, Seen und Heide geprägten Landschaften Prignitz, Uckermark, Havelland, Mittelmark und Niederlausitz. Das früher 38 275 Quadratkilometer große Land mußte 1945 als Folge der deutschen Kapitulation seine Gebiete östlich der Oder-Neiße-Linie an Polen abtreten und war 1946 noch 26 976 Quadratkilometer groß.

Viele von Theodor Fontanes Helden lebten in Brandenburg. Auch der Maler Max Liebermann und Käthe Kollwitz, der Dichter Heinrich von Kleist, Bert Brecht und die Gebrüder Humboldt hatten sich dort angesiedelt.

Heimat der Arbeiter
Sachsen:

Fast fünf Millionen Einwohner leben in dem bevölkerungsreichsten Land im Südosten der DDR. In der Wirtschaftskraft ist Chemnitz der zweitstärkste DDR-Bezirk nach Halle und Zentrum des Maschinen- und Fahrzeugbaus sowie der Textil- und Bekleidungsindustrie. Das im 19. Jahrhundert industrialisierte Sachsen entwickelte sich zum Heimatland der deutschen Arbeiterbewegung. Dresden als Kulturzentrum, die Sächsische Schweiz und das Elbetal locken Touristen aus aller Welt an. Ziel der Geschäftsleute ist die Leipziger Messe. Das 16 992 Quadratkilometer große Sachsen grenzt mit einem kleinen Stück bei Hof an Bayern, im wesentlichen an die CSFR und den Süden Polens.

Das grüne Herz
Thüringen:

Kaiser Friedrich Barbarossa träumte in Thüringen nach einer Sage schon im 12. Jahrhundert von der deutschen Einheit. Wegen seines Waldreichtums wird das Land oft „das grüne Herz Deutschlands" genannt. Die Region ist nicht nur ein Wintersportzentrum der DDR, sondern auch Standort (Eisenach) der Automobilindustrie. Hier läuft der Wartburg vom Band.

Das 15 589 Quadratkilometer große Land mit zweieinhalb Millionen Einwohnern ist bekannt für seine kulturelle Tradition, vor allem die alte Hauptstadt Weimar, wo Johann Wolfgang von Goethe und Friedrich von Schiller wirkten. Thüringen grenzt an Niedersachsen, Hessen und Bayern.

Das Industriezentrum
Sachsen-Anhalt:

Der Komponist Georg Friedrich Händel stammte aus diesem Gebiet - und Bundesaußenminister Hans-Dietrich Genscher wurde auch dort geboren. Mit seinen rund drei Millionen Einwohnern ist Sachsen-Anhalt wichtigstes Industriezentrum der DDR. Das 24 669 Quadratkilometer große Land grenzt im Westen an Niedersachsen.

Hessisch-Niedersächsische Allgemeine, 23.07.90

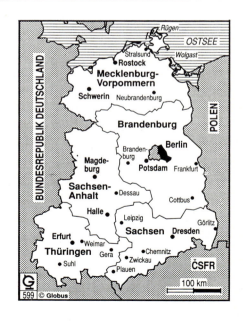

Unterrichtshilfen/Tafelbilder

Die folgenden Darstellungen fassen die wichtigsten Entwicklungen in den beiden deutschen Staaten von 1944 bis Anfang 1970 zusammen. Sie eignen sich als Kurzabriß der historischen Grundlagen des heutigen Geschehens.

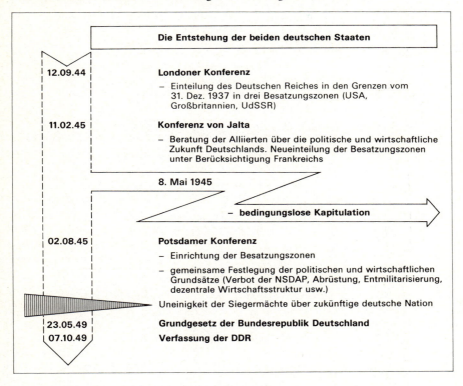

Die Entstehung der beiden deutschen Staaten

12.09.44   **Londoner Konferenz**
- Einteilung des Deutschen Reiches in den Grenzen vom 31. Dez. 1937 in drei Besatzungszonen (USA, Großbritannien, UdSSR)

11.02.45   **Konferenz von Jalta**
- Beratung der Alliierten über die politische und wirtschaftliche Zukunft Deutschlands. Neueinteilung der Besatzungszonen unter Berücksichtigung Frankreichs

8. Mai 1945

– **bedingungslose Kapitulation**

02.08.45   **Potsdamer Konferenz**
- Einrichtung der Besatzungszonen
- gemeinsame Festlegung der politischen und wirtschaftlichen Grundsätze (Verbot der NSDAP, Abrüstung, Entmilitarisierung, dezentrale Wirtschaftsstruktur usw.)

Uneinigkeit der Siegermächte über zukünftige deutsche Nation

23.05.49   **Grundgesetz der Bundesrepublik Deutschland**
07.10.49   **Verfassung der DDR**

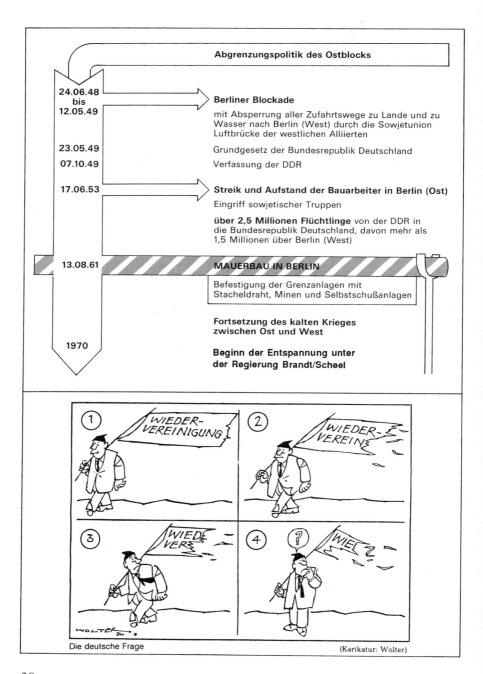

Abgrenzungspolitik des Ostblocks

24.06.48 bis 12.05.49 — **Berliner Blockade**

mit Absperrung aller Zufahrtswege zu Lande und zu Wasser nach Berlin (West) durch die Sowjetunion Luftbrücke der westlichen Alliierten

23.05.49 — Grundgesetz der Bundesrepublik Deutschland

07.10.49 — Verfassung der DDR

17.06.53 — **Streik und Aufstand der Bauarbeiter in Berlin (Ost)**

Eingriff sowjetischer Truppen

über 2,5 Millionen Flüchtlinge von der DDR in die Bundesrepublik Deutschland, davon mehr als 1,5 Millionen über Berlin (West)

13.08.61 — **MAUERBAU IN BERLIN**

Befestigung der Grenzanlagen mit Stacheldraht, Minen und Selbstschußanlagen

Fortsetzung des kalten Krieges zwischen Ost und West

1970 — **Beginn der Entspannung unter der Regierung Brandt/Scheel**

① WIEDERVEREINIGUNG

② WIEDERVEREIN≥

③ WIEDER VER≥

④ (?) WIE≥

WOLTER

Die deutsche Frage

(Karikatur: Wolter)